LÉO TAXIL

DIANA VAUGHAN

ET

L'ÉGLISE ROMAINE

HISTOIRE D'UNE MYSTIFICATION

HENRY-CHARLES LEA

LÉO TAXIL

DIANA VAUGHAN

ET

L'ÉGLISE ROMAINE

HISTOIRE D'UNE MYSTIFICATION

> *Faut-il rappeler, à notre honte, la créance qu'ont rencontrée, chez les catholiques, les inventions de M. Léo Taxil, son roman de Diana Vaughan, et toutes les sornettes du palladisme et de l'occultisme? Faut-il rappeler que des religieux, dans leurs journaux et dans des Revues prétendues savantes, des prédicateurs du haut de la chaire, se sont faits les échos et les garants de ces sottises?*
>
> Abbé HEMMER (*Semaine religieuse de Paris*, 1900, p. 214).

Prix : 0 fr. 50

EN DÉPOT

A LA

SOCIÉTE NOUVELLE DE LIBRAIRIE ET D'ÉDITION

17, RUE CUJAS, 17

PARIS

1901

LÉO TAXIL

DIANA VAUGHAN

ET

L'ÉGLISE ROMAINE

On a récemment prétendu que dans la pensée d'Anthony Sayer, de George Payne, du Dr Désaguliers et des autres fondateurs de l'Ordre maçonnique à Londres en 1717, l'objet de cette institution était de détacher de Rome toutes les nations catholiques et de préparer une union universelle des peuples sous l'hégémonie de la Grande-Bretagne. S'il est vrai que, sous le prétexte allégué de travailler au progrès de la tolérance, de la fraternité et de la concorde, ces hommes aient entretenu de si vastes desseins, ils durent éprouver une cruelle déception. En effet, leur première succursale sur le sol étranger fut la « Loge » de Paris, fondée à Saint-Germain-en-Laye, en 1725, par Lord Derwentwater, le Chevalier Maskelyne, le Dr Ramsay et divers autres Jacobites, auxquels le mystère de l'Ordre offrait un voile propice aux complots catholiques contre la maison de Hanovre. Le développement de l'institution sur le continent est dû en grande partie aux Stuarts exilés, qui s'en promettaient beaucoup d'avantages pour leur politique toute dévouée à Rome. Aussi s'explique-t-on difficilement que le Saint-Siège, presque dès l'origine, ait fait preuve, à l'égard de la Franc-Maçonnerie, d'une hostilité acerbe, dont la conséquence naturelle fut une animosité réciproque qui dure encore.

I

Hors de l'Angleterre et des colonies anglaises, la croissance de
la Franc-Maçonnerie fut assez lente. Mais l'Église s'alarma très
vite et, en 1738, Clément XII condamna l'Ordre dans la bulle
In eminenti. Les seules raisons alléguées de cette condamnation
étaient le caractère secret de l'institution et le fait que des
hommes de toutes religions pussent s'y rencontrer, ce qui auto-
risait les plus graves soupçons ; aussi les membres encouraient-
ils une excommunication révocable par le pape seul, en même
temps qu'il était enjoint aux évêques de les poursuivre et de les
punir, comme « véhémentement » suspects d'hérésie.

Il est vrai que le Parlement de Paris refusa d'enregistrer la
bulle et que l'autorité de cette mesure ne se fit guère sentir hors
des États Pontificaux, si ce n'est en Espagne ; mais, à l'intérieur
de ces États, la bulle fut rendue effective par un édit du cardinal-
secrétaire, daté du 14 janvier 1739. Aux termes de cet édit, devaient être rigoureusement punis de mort non seulement tous les
membres, mais quiconque encouragerait autrui à s'associer à
l'Ordre ou en favoriserait en quelque manière la propagation,
par exemple en louant un immeuble aux Maçons. Condamner à
mort un propriétaire qui loue sa maison était assurément une
mesure peu clémente. Heureusement, il n'y eut guère de sang
versé ; la seule victime de la peine capitale fut, dit-on, un Fran-
çais, qui avait écrit un livre sur la Franc-Maçonnerie.

En dépit de la réprobation pontificale, le poste de Grand-Maître
fut accepté en France, en 1742, par Louis de Bourbon, comte
de Clermont, prince du sang royal, et l'Ordre continua à croître
dans ce pays. Lors du Jubilé de 1750, tant de pèlerins accou-
rurent à Rome pour se faire absoudre de l'excommunication
encourue de ce chef, que Benoît XIV s'émut et, le 18 mai 1751,
lança la constitution *Providas*, par laquelle il renouvelait et con-
firmait la bulle de Clément XII. Il faisait spécialement ressortir
l'injure que constituait, à l'égard de la foi, l'association d'hommes
appartenant à des religions différentes, et il invoquait le concours

de tous les princes catholiques pour l'exécution des ordres du Saint-Siège. Dans la suite, Rome paraît avoir cessé d'agir jusqu'au jour où, en 1789, le grand imposteur Cagliostro osa tenter de fonder une loge dans la Cité Sainte. Il fut arrêté le 27 décembre de la même année ; mais son procès devant l'Inquisition se prolongea jusqu'au 7 avril 1791, bien qu'il eût confessé et rétracté ses erreurs et qu'il eût offert de signer tout ce qu'on voudrait en vue de détromper ses disciples. Ce fut par ce moyen, sans doute, qu'il sauva sa tête, car la sentence portée contre lui constate qu'il a encouru la peine capitale prévue par l'édit de 1739, mais qu'une mesure spéciale de clémence a commué cette peine en l'emprisonnement à vie dans une forteresse. Emmuré au château de San Leone, Cagliostro mourut dans sa prison, probablement en 1795.

Le bouleversement causé par la Révolution française détourna de la Franc-Maçonnerie l'attention de la Papauté. Sous le règne de Napoléon Ier, l'Ordre était un trop précieux instrument de la politique impériale pour qu'on se permît d'y toucher. Mais dès que Pie VII fut raffermi dans la chaire pontificale, il lança, le 15 août 1814, le bref *Si antiqua*, que suivirent deux édits du Secrétaire d'État dirigés contre les Maçons. Jusqu'à cette époque, la Franc-Maçonnerie, si rudement attaquée, n'avait en apparence rien fait pour provoquer l'hostilité de l'Église ; mais un danger réel ne tarda pas à se manifester sous la forme d'un rameau de l'Ordre, la société secrète des Carbonari, organisation distincte, sans doute, et vouée à des desseins politiques bien arrêtés, mais constituée néanmoins sur le modèle de la Franc-Maçonnerie. Comme la secte prétendait n'être pas visée par les décrets de Clément et de Benoît, Pie VII lança, le 13 septembre 1821, la bulle *Ecclesiam*, étendant aux Carbonari les pénalités portées contre les Maçons et leur reprochant, entre autres crimes, de permettre à chaque membre de conserver ses opinions religieuses, ce qui constituait un scandale intolérable. Léon XII, dans sa bulle *Quæ graviora*, du 12 mai 1825, nous dit qu'au lendemain de son élection il a diligemment porté son attention sur ces sectes et constaté qu'elles se propageaient et menaçaient la paix européenne. C'est pourquoi il publie à nouveau les décrets de ses prédécesseurs et presse instamment les princes et prélats de veiller à la répression du mal. Pie VIII, à son tour, lança, le 21 mai 1829, l'encyclique *Traditi*, confirmant les déclarations antérieures des Papes contre ces sociétés secrètes « d'où ont surgi, comme des profondeurs de l'abîme, des maux si pernicieux pour la religion et pour l'État ». Quant à l'encyclique *Mirari vos*, publiée par Grégoire XVI le 15 août 1832, on la considère à tort comme dirigée contre la Franc-Maçonnerie ; en réalité, c'est plutôt une violente diatribe contre tout le progrès moderne et contre la pestilentielle folie de la « prétendue liberté de conscience ». Il est seulement fait allusion aux sociétés secrètes, qualifiées de « cloaques de sacrilège; de perversité, de blasphème, source première de toutes les calamités du temps ».

C'était, semble-t-il, devenu une habitude que chaque pontife nouvellement élu signalât son avènement par quelque manifestation de ce genre. Pie IX, dans son encyclique *Qui pluribus*, du 9 novembre 1846, reitérait contre ces associations clandestines l'anathème fulminé par ses prédécesseurs et en ordonnait la rigoureuse application. Les douloureuses épreuves qu'il subit pendant les vingt années qui suivirent expliquent la rage qu'il exhala contre la Franc-Maçonnerie dans son allocution *Multiplices inter*, du 25 septembre 1865. Il attribue à cette institution malfaisante les guerres et les séditions qui ont bouleversé l'Europe et causé tant de maux à l'Église; si les déclarations du Saint-Siège n'ont pu arrêter la propagation de la Franc-Maçonnerie, la faute en est aux ignorants qui croient cette association inoffensive et charitable, et disent que la religion n'a rien à en redouter. Le pape se voit donc contraint de lancer une nouvelle condamnation et de confirmer les peines fixées par les constitutions apostoliques antérieures. Bien entendu, l'importante bulle *Apostolicæ Sedis*, du 12 octobre 1869, portait contre les Maçons, les Carbonari et toutes les sociétés similaires les excommunications *latæ sententiæ*, qui ne peuvent être levées que par le Saint-

Siège. Finalement, dans l'épître *Scite profecto*, du 14 juillet 1873, le pape, donnant un exemple qui fut ensuite trop bien suivi, attribue à Satan la fondation de la Franc-Maçonnerie ; ce ne peut être que le Démon, dit-il, l'éternel adversaire de Dieu, auquel incombe cette responsabilité ; c'est lui qui a institué la secte et qui s'emploie à la faire prospérer !

Plus tard, le Grand-Orient de Paris sembla justifier en quelque mesure ces accusations, lorsqu'il élimina des conditions nécessaires à l'admission la croyance en Dieu et en l'immortalité de l'âme et déclara hautement que les conceptions métaphysiques n'avaient pas à intervenir dans les affaires de l'Ordre. Cette tolérance à l'égard de l'athéisme provoqua bientôt une scission : Albert Pike, Grand-Commandeur du Rite Écossais aux États-Unis, et le Prince de Galles, Grand-Maître de la Franc-Maçonnerie anglaise, rompirent, par décrets, toute relation avec les Loges françaises. Léon XIII profita de cette occasion, et, le 20 avril 1884, dans la longue et minutieuse encyclique *Humanum genus*, entreprit de définir l'ensemble de la doctrine, des méthodes et des desseins de la Franc-Maçonnerie, afin qu'on en pût comprendre la nature malfaisante et y opposer une résistance efficace. Le résultat de l'enquête du Pape est condensé dans sa phrase initiale : « La race humaine est divisée en deux sections, dont l'une sert Dieu et le Christ, tandis que l'autre est le royaume de Satan et combat contre Dieu. » C'est à cette dernière qu'appartient l'Ordre maçonnique, puisqu'il s'efforce de renverser l'Église de Dieu pour restaurer le paganisme d'il y a dix-huit siècles, désir insensé où l'on peut reconnaître l'inlassable haine de Satan contre Dieu, l'insatiable soif de vengeance qui anime le Maudit. En termes solennels, le Pape ordonnait à tous les évêques du monde catholique de démasquer les Francs-Maçons et d'enseigner aux peuples ce qu'étaient en réalité ces sectaires, amis du Diable et ennemis de Dieu.

Une déclaration formelle et sans réserves, émanant ainsi de l'infaillible chef de l'Église, ne pouvait manquer de produire sur les fidèles une profonde impression. Le corollaire nécessaire de cette thèse.était d'attribuer à la Franc-Maçonnerie, comme aux Luciférains d'autrefois, l'Adoration du Démon. Le fanatisme sincère et crédule s'empressa de développer ce thème. Le Père Joseph Müller de Vienne, dans ses *Geheimnisse der Hölle* (Secrets de l'Enfer), prouvait que la Franc-Maçonnerie était le culte organisé de Satan ; Jean Kostka prétendait démontrer la même théorie dans son livre *Lucifer Démasqué*. L'évêque de Grenoble, Mgr Fava, déclarait que la Franc-Maçonnerie n'était pas autre chose que la religion de Satan. L'archevêque Meurin, de la Société de Jésus, dans un ouvrage considérable, *La Franc-Maçonnerie, Synagogue de Satan*, déclare que Charleston est la Rome provisoire de la Synagogue satanique, que Satan y apparaît à ses représentants et leur donne des ordres ; car le Grand-Maître du Concile Suprême de Charleston est le Pape, le Vicaire-général de Satan sur la terre. Les rites de ce culte infernal ne sont pas seulement réservés aux grands dignitaires : l'auteur anonyme de *La Loque noire* déclare que le candidat même, dès sa première initiation, apprend que Lucifer est le Vrai Dieu et, pour effacer le baptême chrétien, reçoit le baptême du feu, le baptême de Lucifer.

II

Cependant le fanatisme sincère ne fut pas seul à suivre l'impulsion donnée par l'encyclique *Humanum genus*. Le profit possible à tirer de la situation apparut promptement aux yeux d'un homme qui incarna admirablement, dans son cynisme versatile, la civilisation décadente de cette fin de siècle. Gabriel Jogand-Pagès, plus connu sous le pseudonyme de *Léo Taxil*, naquit à Marseille en 1854. Il reçut, en partie chez les Jésuites, une éducation soignée et, tout jeune, se consacra au journalisme. Il ne tarda pas à se faire remarquer par son audacieux mépris de la religion et par ses virulentes attaques contre certaines personnalités. En 1876, pour éviter les effets d'une condamnation à huit années de prison, il s'enfuit à Genève ; une amnistie lui permit de revenir en France et, en 1879, il s'établit à Paris, où ses violences contre le clergé lui valurent une série de poursuites et de condamnations, dont la plus lourde fut une amende de soixante-cinq mille francs pour un ouvrage scandaleux intitulé : *Les Amours secrètes de Pie IX*. Il fonda une librairie anti-cléricale ; sa plume infatigable produisit une succession de livres irréligieux, dont beaucoup eurent un débit considérable. Puis il fit paraître un journal quotidien, l'*Anti-Clérical*, où il préconisait la fondation d'une ligue de libres-penseurs, association qu'il organisa en effet et qui compta bientôt dix-sept mille membres. Peu soucieux de la vérité, doué d'une imagination vive et d'une étonnante audace de parole, Léo Taxil acquit bientôt la réputation d'un des plus dangereux ennemis de la foi.

L'accueil fait dans tout le monde catholique à l'encyclique *Humanum genus* lui suggéra l'idée d'exploiter la crédulité, terrain beaucoup plus fertile que l'incrédulité et surtout moins dangereux à cultiver. Un matin, le 24 avril 1885, la lumière inonda soudain son âme ténébreuse. Léo Taxil devint le type accompli du pécheur converti et repentant. Il ferma sa librairie anti-cléricale et détruisit ses écrits sacrilèges. Sa conversion apparut comme le triomphe de la grâce divine ; le nonce du Pape à Paris, Mgr di Rendi, daigna absoudre le pénitent des nombreuses excommunications qu'il avait encourues. L'ardeur du néophyte en faveur de la foi était plus vive encore que son hostilité de la veille ; or, l'Encyclique désignait la Franc-Maçonnerie comme but à ses pieuses attaques. Il était entré dans l'Ordre en 1881, mais en était sorti bientôt après, sans avoir dépassé le grade d'apprenti. Bien entendu, son ignorance des secrets maçonniques ne le gêna nullement dans la révélation de toutes les horreurs cachées de la secte. En 1885 et 1886, il publia une série de brochures comprises sous le titre général de *Révélations complètes sur la Franc-Maçonnerie*. Cette publication eut un succès énorme. L'idée dominante était de démontrer que la Franc-Maçonnerie était un culte satanique, fondé sur l'ancien Manichéisme et sur le Catharisme du moyen-âge. Comme le souci de la vérité n'arrêtait jamais l'activité de son invention, il ne fut pas en peine de prouver sa thèse en accumulant de prétendus documents, de prétendus rituels, des fables absurdes, propres à alimenter la curiosité populaire. Il consacra un volume entier aux femmes dans la Franc-Maçonnerie, alors que la véritable Franc-Maçonnerie n'admet pas de femmes, et son imagination dévergondée se plut à décrire les scènes qui se passaient dans les loges « androgynes ». Par toute l'Europe, la presse catholique accueillit ces œuvres avec de grands éloges; on dénonçait dans cette organisation maçonnique le développement logique de la Réforme, et le Père Grüber, de la Société de Jésus, auteur d'une traduction allemande, affirmait que la Franc-Maçonnerie ne faisait qu'achever la besogne commencée par Luther.

Le champ était trop vaste et trop fécond pour qu'un seul homme suffît à l'exploiter. Taxil attira à lui plusieurs écrivains de même espèce, notamment un certain Dr Hacks qui, sous le pseudonyme de *Dr Bataille*, publia une œuvre de près de deux mille pages, intitulée *Le Diable au* xixe *siècle*, où tous les Protestants étaient représentés comme de véritables Luciférains. Un autre affilié de la bande était un Italien nommé Domenico Margiotta. L'œuvre capitale de ce dernier est intitulée : *Adriano Lemmi, chef suprême des Francs-Maçons*. Une traduction allemande de ce livre parut à Paderborn; les droits demandés par l'auteur se montèrent à cinquante mille francs. On peut juger du caractère de ces œuvres d'après le fait que, pour avoir reproduit dans le *Moniteur de Rome*, journal inspiré par le Vatican, le scandaleux récit des pratiques hideuses et bestiales en honneur dans les loges, Mgr Vöglein fut poursuivi et condamné à deux mille cinq cents francs d'amende. D'ailleurs, les associés riaient entre eux à gorges chaudes de la crédulité sans limites du public et s'amusaient à rivaliser d'extravagance dans leurs inventions. Ils comprenaient le Spiritisme parmi les pratiques de la Franc-Maçonnerie : si l'un d'eux rapportait qu'à une séance de tables tournantes la table s'était soudain dressée sur deux

pieds, pendant que les deux autres pieds saisissaient le mal-
heureux médium à la gorge et l'étranglaient, un des confrères
reprenait l'histoire en l'agrémentant d'une scène dans laquelle
la table s'envolait au plafond et redescendait sous la forme d'un
crocodile qui s'asseyait au piano et ravissait par son jeu toute
l'assistance. Il n'y avait rien de si absurde qu'ils n'osassent imprimer ; les plus extraordinaires mensonges était dévotement ac-
ceptés comme des vérités. Margiotta reçut des remerciements et
des lettres de recommandation des évêques de Grenoble,
d'Annecy, de Pamiers, de Montauban, d'Oran et de Tarentaise,
et aussi de l'archevêque d'Aix et du Patriarche de Jérusalem.
Léon XIII lui-même le décora de l'Ordre du Saint-Sépulcre.
D'ailleurs, le Pape seconda le commerce de Taxil et de ses collaborateurs en embouchant à diverses reprises la trompette guer-
rière pour exciter parmi les peuples l'horreur de la Franc-
Maçonnerie. Dans son encyclique en langue vulgaire *Dall'Alto*,
adressée, le 15 octobre 1890, au clergé et au peuple d'Italie, il
montrait l'Ordre Maçonnique envahi par l'Esprit du Mal, brûlant
comme Satan même d'une implacable haine contre le Christ. Le
8 décembre 1892, il revint à la charge par la lettre *Custodi*,
exhortation dithyrambique aux Italiens, présentant un terrifiant
tableau de la guerre engagée par les Francs-Maçons contre la
patrie céleste et la patrie terrestre, contre la religion de nos
pères, contre la civilisation. A la même date, il adressait aux
évêques italiens l'épître *Inimica vis*, où il montrait comment
l'esprit diabolique des vieilles sectes avait ressuscité en cette
Franc-Maçonnerie qui attaquait les choses les plus saintes, tandis que le peuple des fidèles, endormi dans une trompeuse sécu-
rité, ne discernait pas le danger qui menaçait l'existence même
du Christianisme.

III

Dans les diverses publications de la librairie Taxil, deux
sujets spéciaux étaient traités qui prirent une importance par-

liculière dans l'évolution du mouvement anti-maçonnique.

C'était d'abord le *Palladium*, l'Ordre le plus secret et le plus élevé de la Franc-Maçonnerie. Stevens, dans sa *Cyclopædia of Fraternities*, dit que cet Ordre fut institué en 1730 et introduit de bonne heure à Charleston. Là il sommeilla jusqu'en 1886, époque où il refleurit sous l'aspect nouveau du *Palladium reformé*, pour imprimer une activité nouvelle aux traditions de la Haute Maçonnerie. Mais Stevens ajoute que ce Palladium est peu connu, car le nombre de ses membres est très limité et le plus grand secret enveloppe ses délibérations [1]. Cependant le Dr Bataille rapporte que le Palladium fut fondé par Albert Pike le 20 septembre 1870, le jour où les troupes italiennes entrèrent à Rome et mirent fin au pouvoir temporel. Or, dans la combinaison imaginée par Taxil, Charleston et son *Sanctum Regnum* avaient été, jusqu'à la mort d'Albert Pike en 1891, le quartier général de la Maçonnerie luciféraine; aussi s'empressa-t-on d'exploiter le Palladium et d'en faire un épouvantail pour les sots. Ses « triangles », disait-on, constituent les loges intimes dans lesquelles l'Esprit Satanique de l'Ordre s'exhibe sans voiles. C'est la véritable assemblée dirigeante et gouvernante. La cérémonie d'initiation au troisième et suprême grade d'un *triangle* est toujours présidée par le Démon en personne; à en croire l'archevêque Meurin, c'est dans ces *triangles* que Satan se montre à ses adorateurs et leur donne ses ordres.

Pour compléter l'histoire, il fallait une grande-prêtresse du culte luciférain : on trouva cette auxiliaire en la personne de Miss Diana Vaughan.

La généalogie illustre de cette jeune fille la rendait tout à fait digne de cet honneur. Thomas Vaughan, frère jumeau de Henry Vaughan le Siluriste, fut le chef des Rose-Croix, qui se proposaient comme but le renversement de la Papauté. Le 25 mars 1645, il signa avec Satan un pacte par lequel il s'assurait trente-trois ans de vie pour la propagation du Luciférisme. En 1646, il

1. Voilà le peu que l'on croyait savoir du Palladium ; tout le reste est pure mystification. — *Trad.*

passa en Amérique et élut domicile au milieu des Lenni-Lenape. En ces lieux il reçut la visite de Vénus-Astarté qui s'offrit à partager sa couche et lui présenta, onze jours plus tard, une fille. Il donna à l'enfant le nom de Diana et la laissa aux soins des Indiens, tandis que lui-même retournait en Angleterre, en 1648. Diana épousa le Grand-Chef de la tribu indienne et donna le jour à un fils. Celui-ci fut soudain, en 1675, transporté pour quelques heures à Hambourg auprès de son grand-père, et, durant ces courts instants, Vaughan reçut non moins subitement le don de parler l'idiome des Lenape; puis l'enfant disparut et retourna auprès des Indiens. De cet enfant descendait Diana. Le père de la jeune fille était un ardent Palladiste qui fonda, à Louisville, le Grand Triangle des Onze-Sept, comptant trois mille affiliés. Il instruisit soigneusement sa fille dans le Palladisme. En 1884, après avoir passé par les grades inférieurs, Diana fut initiée aux rites des Onze-Sept. Tout enfant, elle s'était fiancée au puissant démon Asmodée, et, quand elle eut vingt-cinq ans, le 8 avril 1889, elle fut, sur l'ordre de Lucifer, officiellement présentée à son fiancé dans le *Sanctum Regnum* de Charleston. Alors Asmodée lui apparut dans sa majestueuse beauté, assis sur un trône enrichi de diamants. Au milieu de merveilles surpassant toutes les féeries des Mille et Une Nuits, il annonça à Albert Pike qu'il sacrait Diana grande-prêtresse et interprète de ses volontés; puis il enjoignit qu'on lui témoignât partout le respect le plus profond. Pike signa, à cet effet, un décret qui fut communiqué à tous les Triangles.

IV

Cependant il existait une autre grande-prêtresse, également d'origine diabolique. Elle avait nom Sophia Walder et était fille putative de Phileas Walder, pasteur protestant qui occupait un grade élevé dans la Franc-Maçonnerie, mais était issue, en réalité, du commerce de Lucifer avec Ida Jacobsen, femme ou maîtresse de Walder. Les prédictions annonçaient que, pendant l'été de 1896, elle irait à Jérusalem où, le 29 septembre, des œuvres du démon Bitru, elle enfanterait une fille ; celle-ci, trente-trois ans plus tard, aurait, du démon Decarabia, une fille qui, à son tour, trente-trois ans après (1962), enfanterait l'Antéchrist. Comme arrière-grand'mère de l'Antéchrist, Sophia était l'objet d'une extrême vénération de la part des Palladistes ; elle avait reçu, à Charleston, d'Albert Pike lui-même, une éducation spéciale et était douée de divers pouvoirs surnaturels ; elle était notamment capable de rendre son corps fluide et de passer au travers d'un mur de pierre. Elle eut une querelle avec Diana lorsque celle-ci, le 25 mars 1885, brigua devant le Triangle Saint-Jacques de Paris l'initiation au grade suprême de Maîtresse-Chevalière-Templière et refusa d'accomplir le cérémonial qui consistait à cracher sur une hostie consacrée et à la transpercer avec un poignard. Diana, vaincue dans la lutte, provoqua un schisme dans le Palladium et organisa les *Luciférains Indépendants et Régénérés* — association destinée à être purement Luciféraine et non Satanique. Le « couvent » tenu à Londres par ce Palladium régénéré résolut d'entamer une propagande publique en faveur de la foi nouvelle et confia à Diana la direction de cette campagne.

En conséquence, le 21 mars 1895, Taxil lança le premier numéro d'un périodique intitulé *Le Palladium régénéré et libre.* — *Directrice : Miss Diana Vaughan.* En termes intentionnellement blessants pour les Catholiques, cette publication exposait la doctrine de la secte, curieuse adaptation du Catharisme dualiste des Albigeois. Lucifer — celui qui apporte la lumière — est le principe de l'intelligence et de la clarté ; Adonaï est le principe de la matière et de la mort. Ces deux êtres ont engagé une lutte qui remonte à une époque bien antérieure à la création des mondes. Le livre *Apadno* donne la version véritable de la légende biblique, en relatant comment Adonaï créa l'homme-animal, tandis que Lucifer donnait à la créature l'intelligence et le pouvoir reproducteur. L'âme est une émanation de Lucifer ; Adonaï cherche sans cesse à la séduire. Après la mort, les saints de Lucifer sont réunis à leur Dieu dans le royaume du feu éternel; les âmes imparfaites subissent une nouvelle épreuve en passant dans le corps d'animaux ou d'hommes; les saints d'Adonaï sont précipités dans le royaume de leur maître, l'eau, où ils existeront à l'état d'esprits jusqu'à la victoire finale de Lucifer, après laquelle ils seront anéantis. Pour l'instant, l'humanité s'est partout affranchie de la loi d'Adonaï, sauf sur la terre et dans la planète Oolis. Les anges de Lucifer, le vrai Dieu, sont appelés démons et ont les deux sexes; les principaux sont Moloch, Belzébuth, Baal, Asmodée, l'Antéchrist, Astarté, Leviathan, Behemoth, etc. Les esprits d'Adonaï sont insexués et sont appelés *maléakhs*; leurs chefs sont ceux qui ont abandonné Lucifer, notamment Michel, Gabriel, Uriel, Raphaël, etc. Un des plus malfaisants et des plus puissants est celui que les catholiques appellent la Sainte Vierge; son nom humain, chez les Palladistes, est Mirzam; spirituellement, elle est l'abominable Lilith, le démon des pollutions nocturnes. Jésus, fils des *maléakhs* Joseph et Mirzam, avait de bonnes qualités qu'il tenait de son ancêtre Belzébuth; mais l'orgueil causa sa perte. Il trahit le vrai Dieu en signant la convention du Mont Thabor et, dès lors, il fit œuvre mauvaise. En 1995, l'Antéchrist se fera connaître; le pape régnant, qui sera un Juif converti, abandonnera le Catholicisme pour adopter le Luciférisme. Une année de guerre, où les catholiques seront exterminés, suivra cet événement; puis viendra la lutte céleste entre les démons de Lucifer et les *maléakhs* d'Adonaï, lutte qui s'achèvera par le détrônement d'Adonaï. Le vaincu sera relégué dans la planète Saturne, sous la garde des Esprits de lumière, déjà visibles en ce lieu, où ils forment les anneaux qui entourent la planète.

Il parut trois numéros mensuels du *Palladium*, pleins de blasphèmes qui remplissaient d'horreur les fidèles et dont l'attrait impur était encore avivé par une abondance de mystérieux détails. Tout cela n'était, cependant, que le prologue d'une adroite comédie. Le *Palladium* cessa de paraître et, le 1er juillet, fut remplacé par un autre périodique intitulé: *Miss Diana Vaughan.*

Mémoires d'une Ex-Palladiste. Le numéro s'ouvrait par un récit de la querelle entre Diana et le *convent* de Londres, rappelant l'audace avec laquelle cette fille avait tenu tête à la puissante assemblée. Puis on annonçait sa conversion au catholicisme et la résolution qu'elle prenait de vouer sa vie à la réparation du mal que son aveuglement avait déchaîné. Cette conversion avait été hâtée, le 6 juin, par une visite de Belzébuth, d'Astaroth, de Moloch et d'Asmodée, qui s'étaient présentés à Diane dans leur habituelle et rayonnante beauté, mais qui s'emportèrent contre elle parce que, dans son respect pour Jeanne Darc, elle avait promis de ne pas parler de la Vierge Marie en termes irrévérencieux. Pour se défendre contre les démons, Diana invoqua Jeanne Darc ; ils reprirent aussitôt leur vraie forme de démons, leurs cornes et leurs queues, et s'enfuirent en poussant des hurlements. Elle se retira dans un couvent, où sa conversion s'acheva et où elle fut admise aux mystères de la vraie religion. Sa dévotion à la foi orthodoxe devait se manifester par la rédaction de son autobiographie, qui allait paraître dans les numéros mensuels du nouveau périodique.

V

Le monde catholique salua par des acclamations cette nouvelle intervention de la grâce divine, si semblable à la conversion de Taxil lui-même. Mais, en ce qui concernait Diana, la conversion s'aggravait de la nécessité d'une réclusion rigoureuse, car, disait-on, elle n'aurait pas vécu une heure de plus si les Palladistes, rendus fous de rage par sa désertion et ses révélations, avaient pu l'atteindre par le poignard ou le poison. Seuls quelques amis d'une fidélité éprouvée devaient connaître la retraite d'où, chaque mois, elle répandrait dans le monde ses récits terrifiants et la description des effroyables secrets maçonniques. L'imagination de Taxil et de ses collaborateurs devait être vraiment inépuisable, pour qu'après dix années de scandaleuses révélations ces hommes fussent encore capables de fournir à l'insatiable appétit de la crédulité publique un jet continu d'élucubrations merveilleuses des genres des plus divers. Telle est, par exemple, la scène mélodramatique dans laquelle Albert Pike, désillusionné sur son paganisme de jadis et épuisé par la recherche hermétique du Grand Arcane, s'enfuit dans un désert où Korah, Dathan et Abiram surgissent d'un rocher massif, le convertissent au Luciférisme et lui donnent en présent quelques parcelles de la pierre philosophale. Le grotesque atteint presque au sublime dans l'histoire du moine Francisco Barri et de sa femme, la salamandre Elkbamstar, et dans celle du mage Van Geer, divisant son corps en menus morceaux qui, placés dans un sac, se réunissent miraculeusement. Il était question aussi de Frère Hubert, qui avait pour démon protecteur Arkathapias, le terrible favori de Moloch, et qui possédait le don de *bilocation*, lui permettant de se trouver, au même moment, en plusieurs endroits. L'impudence et l'audace étaient poussées à leur comble dans le récit des événements surnaturels qui se passèrent dans le Triangle de Malte. On y nommait, à titre de témoins, divers officiers anglais ; on racontait que le vice-amiral Markham, élu Grand-Maître le 6 mars 1893, ayant lu le procès-verbal de l'Assemblée et exprimé son incrédulité à ce sujet, fut instantanément transporté dans le *Sanctum Regnum* de Charleston ; là, le Baphomet lui avait demandé s'il doutait encore et l'amiral, s'étant déclaré convaincu, avait été ramené à Malte par la même voie.

Il est humiliant pour la raison moderne qu'un semblable fatras d'absurdités, publiées pendant des mois, ait pu être accepté sans hésitation par les dévots. Il faut cependant avouer qu'il en fut ainsi. Pour prouver son zèle de néophyte, Diana composa un petit ouvrage de piété, *La Neuvaine Eucharistique*, et en envoya un exemplaire à Léon XIII, en novembre 1895. Sur l'ordre du pape, le Cardinal-vicaire Parocchi transmit à l'auteur la bénédiction spéciale du Souverain Pontife, en y ajoutant sa propre bénédiction et l'expression de sa sympathie ; la conversion de Diana est un magnifique triomphe de la Grâce ; lui-même lit actuellement ses *Mémoires*, qu'il juge d'un intérêt palpitant.

Diana publia également, durant l'été de 1896, *Le 33ᵉ Crispi*, gros volume de cinq cents pages révélant tous les secrets de la politique et de la Franc-Maçonnerie en Italie. Dans une lettre du 11 juillet, Mᵍʳ Vicenzo Sardi, un des secrétaires apostoliques, la remercie de l'envoi d'un exemplaire et l'engage à continuer de démasquer la secte infâme ; c'est pour cette fin que la Providence a si longtemps permis que Diana en fît partie. Cependant il fait une allusion à des bruits calomnieux que l'on répand et dont l'objet est de contester l'existence même de la néophyte ; ce sont là, dit-il, les artifices de la Franc-Maçonnerie ; mais il pense que si Diana démentait ces faux bruits, ce serait tout profit pour un très grand nombre d'âmes. Le fait est que trop de gens étaient dans le secret de l'imposture pour qu'il pût être longtemps bien gardé. Vers cette époque, Margiotta et le Dʳ Hacks eurent une querelle avec Taxil au sujet du partage des bénéfices et commencèrent à se vanter de la part prise par eux dans la mystification en cours. Pourtant, le plus important organe de l'Église, la *Civiltà Cattolica*, dirigée et rédigée par les Jésuites, parle, dans son numéro de septembre 1896, de Miss Diana Vaughan, « appelée des profondeurs des ténèbres à la lumière de Dieu, préparée par la Providence divine, armée de savoir personnel et d'expérience, s'employant au service de l'Église et infatigable dans ses précieuses publications que rien n'égale en exactitude et en utilité. » La Franc-Maçonnerie, consternée, pour échapper à ses coups, nie l'existence de la jeune fille et la traite de personnage mythique ! — Il faut ajouter qu'une traduction italienne des *Mémoires* paraissait à Rome dans la *Rivista Antimassonica*, organe officiel de l'Union Anti-Maçonnique d'Italie.

Pourtant, la crise était proche. Sous l'influence des déclarations pontificales et des prétendues révélations, un grand Congrès Anti-Maçonnique avait été convoqué à Trente pour la fin de septembre. La convocation fut accueillie avec enthousiasme et le succès de la réunion tint du prodige. Le président honoraire fut le Prince-évêque de Trente et le président effectif le Prince Karl de Löwenstein ; on comptait environ un millier de membres, parmi lesquels se trouvaient trente-six évêques et les délégués d'une cinquantaine d'autres. Il y eut une grande procession à laquelle prirent part dix-huit mille personnes. Un télégramme de Léon XIII apporta à l'assemblée la bénédiction apostolique. On vota une croisade contre la Franc-Maçonnerie ; le Congrès déclara à l'unanimité que la Franc-Maçonnerie est la Synagogue du Satan et que les Franc-Maçons reconnaissent Lucifer comme Dieu. Léo Taxil fut le héros du jour ; on lui donna mandat d'organiser une ligue universelle anti-maçonnique. Mais quatre braves Allemands eurent la hardiesse d'exprimer des doutes relativement à l'existence de Diana Vaughan, et, le 29 septembre, une séance spéciale fut consacrée à l'examen de cette question. On demanda les détails de la conversion de Diana, les noms de son parrain, de sa marraine et de l'évêque qui avait autorisé sa première communion. Taxil répondit qu'il avait les preuves en poche, mais qu'il ne saurait les exhiber sans mettre en péril la vie même de Diana ; tout ce qu'il pouvait faire, c'était de communiquer secrètement à un ecclésiastique, se rendant à Rome, le nom d'un évêque qu'il serait loisible de mander sous quelque prétexte à la Curie et qui donnerait au Pape lui-même les assurances nécessaires. L'évêque Lazzareschi fut choisi pour recevoir la confidence. Taxil alla le trouver le soir même au palais épiscopal. Quelques mois après, l'évêque Lazzareschi ayant déclaré que Taxil avait refusé, sous un prétexte frivole, de lui donner le nom promis, il reçut de l'imposteur un démenti formel. Le silence obstiné que l'évêque avait gardé pendant ces quelques mois montre qu'il comprenait la gravité d'une situation où était impliqué l'honneur même de l'Église. Au Congrès, le Commendatore Alliata, président du conseil exécutif de l'Union Anti-Maçonnique Universelle, avait annoncé qu'une commission était spécialement chargée de tout ce qui concernait Diana Vaughan ; on abandonna tacitement à cette commission le soin de faire une plus ample enquête à ce sujet.　　o

D'un bout de l'Europe à l'autre, les journaux catholiques commençaient à se rendre compte du ridicule de la situation et dé-

nonçaient Taxil comme l'inventeur d'un mythe. Mais la clair-
voyance infaillible de Rome était en jeu et le Vatican ne pouvait
admettre qu'on se fût moqué de lui. Le 16 octobre, A. Villard,
chapelain domestique du Pape et secrétaire du cardinal Parocchi,
écrivit à Diana pour la fortifier contre la tempête de calomnies qui
ne craignaient pas de nier jusqu'à son existence. Il avait, disait-il,
les preuves matérielles et morales, non seulement de l'existence
de Diana, mais encore de la sincérité de sa conversion; il la
pressait de continuer à écrire ces ouvrages qui fournissaient des
armes pour terrasser l'ennemi du genre humain. Cependant la
commission d'Alliata poursuivait ses travaux. Les propos tenus
publiquement par certains membres montraient qu'on était bien
près de conclure que toute l'affaire était une fraude; mais des
ordres supérieurs firent ajourner le dépôt du rapport et quand ce
rapport parut, le 22 janvier 1897, l'embarras de la rédaction
trahit à l'évidence la contrainte qu'avait subie son auteur. Il était
dit, par exemple, que la commission n'avait pas qualité pour pro-
noncer sur les révélations de Diana, mais seulement sur ce qui
touchait à sa personne, et qu'elle n'avait pu obtenir aucune
preuve concluante ni pour ni contre son existence, ni pour ni
contre sa conversion et l'authenticité de ses écrits.

Cette prudente réserve ne fut pas imitée par la presse catholique. Taxil, dans les fascicules mensuels des *Mémoires*, dut bra-
vement tenir tête à des torrents d'accusations et d'injures. Mais
la plaisanterie touchait à sa fin. Il y avait encore quelques
hommes qui soutenaient résolument la réalité de Diana Vaughan et de ses épreuves; de ce nombre étaient l'évêque de Grenoble, Mgr Fava, et le chanoine Mustel, directeur de la *Revue de
Coutances*. Mais la polémique des journaux devenait de jour en
jour plus bruyante et plus hostile : Taxil comprit qu'il fallait
couper court à la mystification. Dans le numéro des *Mémoires*
du 25 février 1897, Diana annonça qu'elle paraîtrait en public le
lundi de Pâques, 19 avril, dans la salle de la Société de Géogra-
phie, et qu'elle y ferait une conférence explicative, avec accom-
pagnement de projections lumineuses. La séance était réservée

à la presse ; tous les journaux de l'Europe et des État-Unis étaient invités à s'y faire représenter ou à y envoyer leurs correspondants. Dans les numéros suivants parurent un extrait de la conférence promise et l'itinéraire d'une longue tournée que projetait Diana à travers les principales villes d'Europe et d'Amérique. Détail piquant, l'autobiographie se poursuivit jusqu'au bout, avec son luxe ordinaire d'épisodes miraculeux.

Dans le numéro du 15 avril, quatre jours à peine avant la réunion, Diana rapportait comment, après qu'elle eut échappé à la mort dans le Triangle de Saint-Jacques, pour avoir refusé de profaner l'hostie, ce Triangle écrivit aux Onze-Sept de Louisville, pour les inviter à la chasser. Elle courut à Louisville, où elle fut miraculeusement préservée du péril qui la menaçait. La relique la plus précieuse du Triangle était la queue du lion de Saint-Marc, coupée par Asmodée pendant une bataille et offerte aux Maçons. On conservait cette relique dans une boîte ; mais la queue du lion sauta hors de la boîte et s'enroula affectueusement autour du cou de Diana ; la touffe de poils qui terminait la queue se métamorphosa en la tête d'Asmodée, lequel déclara au Triangle que Diana était sous sa protection spéciale et conseilla à la jeune fille de ne jamais se marier, car il étranglerait son époux. Puis, comme elle s'affligeait à la pensée que le Triangle Saint-Jacques ne compléterait pas son initiation, Asmodée, pour la distraire de ses tristes pensées, l'emporta en promenade sur la planète Mars. Peu d'instants après, il la fit flotter dans les airs, grâce à un diadème d'acier dont il lui fit présent. L'oncle de Diana, qui assistait à la scène, saisit son kodak et photographia le groupe. Des épreuves de cette photographie, distribuées par elle dans les Loges-Mères du Lotus, avaient produit une énorme sensation.

VI

Le 19 avril arriva enfin. La salle se remplit de journalistes desquels on avait exigé, à la porte, le dépôt des cannes et des parapluies. Au lieu de Diana, ce fut Taxil qui parut ; il prononça un discours qui, pour l'effronterie et le cynisme, n'a pas d'égal dans la littérature. Il s'avoua coupable d'infanticide, attendu que le Palladisme était mort et que c'était lui-même, son père, qui l'avait tué. La seule Diana Vaughan qu'il connût était une jeune fille qu'il employait comme dactylographe, moyennant un salaire mensuel de cent cinquante francs. Pendant douze ans, son dessein avait été d'étudier à fond l'Église catholique, à l'aide d'une série de mystifications qui lui révéleraient les secrets des esprits et des cœurs dans la hiérarchie sacerdotale. Il avait réussi au-delà de ses plus audacieuses espérances. Après sa prétendue conversion, le moyen de parvenir à ses fins lui avait été suggéré par le fait que l'Église voit dans la Franc-Maçonnerie son plus dangereux adversaire, et que nombre de catholiques, le Pape en tête, croient que le Démon est le chef de cette association anti-cléricale. Il affirma qu'à Rome les Cardinaux et la Curie avaient sciemment et de mauvaise foi patronné les écrits publiés sous son nom, sous le nom de Bataille et de Diana Vaughan ; le Vatican connaissait la nature frauduleuse de leurs prétendues révélations, mais était enchanté de les utiliser pour entretenir chez les fidèles une croyance profitable à l'Église. L'évêque de Charleston avait, déclara-t-il, écrit au Pape que les histoires relatives à cette ville étaient fausses ; mais Léon XIII avait imposé silence à ce prélat, tout comme au vicaire apostolique de Gibraltar, lequel avait affirmé qu'il n'y avait pas dans le pays de souterrains où les Maçons célébrassent les rites infâmes décrits par Bataille. Taxil poursuivit de la sorte, imperturbablement, au milieu des hurlements et des malédictions de l'auditoire, qui comprit trop tard pourquoi l'on avait confisqué, à la porte, les cannes et les parapluies. A la fin, le public furieux ne tint plus en place. Taxil échappa grâce à la protection de la police et se retira tranquillement dans un café voisin.

Pendant quelque temps, il ne resta plus au mouvement anti-maçonnique qu'à panser mélancoliquement ses blessures. Il y avait pourtant encore quelques personnes, d'une crédulité tenace,

qui refusaient de croire à l'irréalité de Diana, qui insinuaient
sous le manteau que Taxil s'était débarrassé d'elle ou l'avait
vendue pour une somme énorme aux Palladistes; mais ceux-là
même finirent par se taire. Le chanoine Mustel, dans sa palino-
die, déclara que le jour où l'Enfer engloutirait Taxil, sa proie
immonde, les damnés eux-mêmes frémiraient de dégoût et
courberaient la tête sous le poids de cette humiliation nouvelle.
Pour excuser la foi qu'il avait témoignée à l'égard des révélations merveilleuses, le chanoine faisait observer que Taxil connaissait, mieux que beaucoup de catholiques bien informés, les
principes et la pratique de l'Église en la matière difficile et
abstruse des manifestations surnaturelles; le succès de l'imposteur s'expliquait uniquement parce qu'il avait construit son
édifice de fraude sur ce solide terrain. Est-ce en raison de cette
constatation, ou de la conscience d'une scandaleuse complicité,
que les œuvres de Taxil et de ses collaborateurs n'ont pas été
mises à l'Index? On peut trouver, à cette heure, parmi les livres
que prohibe l'Église romaine, des ouvrages tels que l'aimable
Vie de saint François, par Sabatier, et l'*Histoire de la Littérature
anglaise*, de Taine; mais les noms de Taxil, de Bataille, de Margiotta et de Diana Vaughan y brillent significativement par leur
absence. Les fidèles ont donc encore le droit de demander à ces
autorités édifiantes des éclaircissements sur les mystères de
la Franc-Maçonnerie!

FIN

ANGERS. — IMPRIMERIE A. BURDIN ET Cie.

www.ingramcontent.com/pod-product-compliance
Lightning Source LLC
Chambersburg PA
CBHW051214050726
47594CB00007B/3215